BEI GRIN MACHT SICH IHR WISSEN BEZAHLT

- Wir veröffentlichen Ihre Hausarbeit, Bachelor- und Masterarbeit

- Ihr eigenes eBook und Buch - weltweit in allen wichtigen Shops

- Verdienen Sie an jedem Verkauf

Jetzt bei www.GRIN.com hochladen und kostenlos publizieren

Tanja Berlin, Bettina Noga

Nahtod-Erfahrungen im Vergleich mit den neutestamentlichen Aussagen über ein Leben nach dem Tod

GRIN Verlag

Bibliografische Information der Deutschen Nationalbibliothek:

Die Deutsche Bibliothek verzeichnet diese Publikation in der Deutschen Nationalbibliografie; detaillierte bibliografische Daten sind im Internet über http://dnb.d-nb.de/ abrufbar.

Dieses Werk sowie alle darin enthaltenen einzelnen Beiträge und Abbildungen sind urheberrechtlich geschützt. Jede Verwertung, die nicht ausdrücklich vom Urheberrechtsschutz zugelassen ist, bedarf der vorherigen Zustimmung des Verlages. Das gilt insbesondere für Vervielfältigungen, Bearbeitungen, Übersetzungen, Mikroverfilmungen, Auswertungen durch Datenbanken und für die Einspeicherung und Verarbeitung in elektronische Systeme. Alle Rechte, auch die des auszugsweisen Nachdrucks, der fotomechanischen Wiedergabe (einschließlich Mikrokopie) sowie der Auswertung durch Datenbanken oder ähnliche Einrichtungen, vorbehalten.

Impressum:

Copyright © 2003 GRIN Verlag GmbH
Druck und Bindung: Books on Demand GmbH, Norderstedt Germany
ISBN: 978-3-656-07899-9

Dieses Buch bei GRIN:

http://www.grin.com/de/e-book/46216/nahtod-erfahrungen-im-vergleich-mit-den-neutestamentlichten-aussagen-ueber

GRIN - Your knowledge has value

Der GRIN Verlag publiziert seit 1998 wissenschaftliche Arbeiten von Studenten, Hochschullehrern und anderen Akademikern als eBook und gedrucktes Buch. Die Verlagswebsite www.grin.com ist die ideale Plattform zur Veröffentlichung von Hausarbeiten, Abschlussarbeiten, wissenschaftlichen Aufsätzen, Dissertationen und Fachbüchern.

Besuchen Sie uns im Internet:

http://www.grin.com/

http://www.facebook.com/grincom

http://www.twitter.com/grin_com

Katholische Fachhochschule Norddeutschland

Studiengang: Diplom Sozialpädagogik/Sozialarbeit

Thema:

Nahtod-Erfahrungen im Vergleich mit den neutestamentlichten Aussagen über ein Leben nach dem Tod

Studienbereich Theologie: Lehrveranstaltung Eschatologie

An der katholischen Fachhochschule Norddeutschland,
Hamburg 2003

---

[1] http://memopolis.uni-regensburg.de/lektuere/texte/hoegl/nahtod.html. Gemälde, gemalt von einer Frau mit Nahtod-Erfahrung.

Nahtod-Erfahrungen im Vergleich mit den neutestamentlichten Aussagen über ein Leben nach dem Tod

Einleitung

1. Der Tod des Menschen

1.1. Der Hirntod oder klinische Tod
1.2. Herz- Kreislauf- Stillstand oder biologische Tod
1.3. Die Verdrängung des Todes
1.4. Der „natürliche" Tod
1.5. Der Tod als Durchgang zur Unsterblichkeit der Seele

2. Nahtod-Erfahrungen

2.1. Das Verlassen des Leibes
2.2. Das Licht und Lichtwesen
2.3. Das Hören der Todesnachricht
2.4. Gefühle von Frieden und Ruhe
2.5. Ein dunkler Tunnel
2.6. Begegnungen mit Verstorbenen
2.7. Die Rückschau oder der Lebensfilm
2.8. Die Umkehr
2.9. Die neue Sicht des Todes

3. Das neue Testament und der Himmel

3.1. Bilder der Hoffnung
3.2. Der Himmel
3.3. Die Hölle
3.4. Gericht und Fegefeuer
3.5. Jesus und die Auferstehung
3.6. Paulus und die Auferstehung
3.7. Die Offenbarung und der Himmel

4. Vergleich zwischen Nahtod-Erfahrungen und dem biblischen Aussagen

5. Konsequenzen aus dem Vergleich

6. Praxisbezug für die Sozialarbeit

6.1. Kinder und Jugendliche
6.2. Erwachsene

7. Abschlussgedanken

Literaturverzeichnis

Abbildungsverzeichnis

Internetverzeichnis

Glossar

Einleitung

Wir begrüßen Euch zu unserem Referat mit dem Thema „Nahtod-Erfahrungen im Vergleich mit den neutestamentlichen Aussagen über ein Leben nach dem Tod", in der Veranstaltung Eschatologie.

Eschatologie, vom griechischen Eschaton „Ende" bedeutet die Lehre von den „letzten Dingen", vom Weltende und Anbruch der neuen Welt, und von Vorstellungen von Tod und Jenseits.[2]

Wir haben uns mit den Fragen beschäftigt, was kommt nach dem Tod? An was für einen Ort gehen wir, wenn wir sterben? Gibt es wirklich einen Himmel, eine Hölle oder einen Ort dazwischen? Was ist das ewige Leben? Gibt es dieses überhaupt und gibt es Beweise für ein Leben nach dem Tod? Unser Referat beschäftigt sich hierbei mit Berichten von Menschen, die von Grenzerfahrungen nach dem Tod erzählen können, und mit den Erkenntnissen, die die heutige Todesnähe- Forschung, auch die Thanatologie genannt, hervorgebracht hat.

Wir beschäftigen uns auch mit den neutestamentlichen Aussagen über ein Leben nach dem Tod. Hierbei werden wir zu interessanten Parallelen kommen, und diese im Vergleich kritisch hinterfragen. Es muss sich auch die Frage gestellt werden, ob man die wissenschaftlichen Ergebnisse, auch als einen Beweis für die neutestamentlichen Aussagen nehmen kann.

Wir haben uns diesem Thema, dass im 20 JH., aufgrund der modernen Medizin die es ermöglicht Menschen wiederzubeleben, die in früheren Jahrhunderten gestorben wären, zum Phänomen wurde, mit viel Spannung gewidmet, und wollen Euch nun unsere Erfahrungen und Kenntnisse in diesem Referat näher bringen.[3] Für Einige von Euch ist das Thema Nahtod-Erlebnisse vielleicht eher ungewöhnlich und die Meinungen und Vorstellungen darüber sicher verschieden. Wir hoffen, dass Ihr Euch diesem Thema trotz allem zu wenden werdet, und die Ergebnisse aus Untersuchungen von betroffenen Menschen, sowie die biblischen Aussagen zu diesem Thema Euer Interesse wecken werden, auch wenn Ihr selber ein anderes Bild oder eine andere Meinung von diesem Thema habt.

Die Idee für dieses Referat ist uns nach einer gemeinsamen Diskussion über eine Bekannte gekommen, die nach dem Tod ihrer Mutter versucht wieder mit ihr in Kontakt zu kommen.

---
[2] Vgl. http://www.sungaya.de/schwarz/christen/eschatologie.htm
[3] Vgl. Michel,P./Wagner A., Das Leben nach dem Tod, Wien 2000, S. 12

Wir haben gemerkt, dass uns das Thema „Tod und ein Leben danach" doch sehr fremd ist, obwohl jeder seine eigenen Gedanken und existentiellen Fragen dazu hat.

Unser Referat beginnen wir mit den Tod des Menschen, mit den Unterscheidungen Hirntod und Herz-Kreislauf Stillstand als Todesformen. Als nächsten Punkt behandeln wie das Thema Nahtod- Erfahrungen, wie sie von Menschen erlebt wurden. Nach diesem Teil möchten wir Euch anhand des neuen Testaments, Aussagen über den Tod und ein Leben nach dem Tod darstellen. Im Anschluss daran wollen wir einen Vergleich zwischen Nahtod-Erfahrungen und dem biblischen Aussagen machen, und aus diesem Vergleich Konsequenzen ziehen. Im letzten Teil unseres Referates möchten wir zu unserem Thema einen Praxisbezug für die Sozialarbeit herstellen, und hierbei noch mal genau auf die Bereiche Kinder, Jugendliche und Erwachsene eingehen.

Wir hoffen Euch dieses, im ersten Moment doch etwas ungewohnte Thema, während unseres Referates so spannend und interessant wir möglich näher bringen zu können.

1. Der Tod des Menschen

Der Tod ist die sicherste Wirklichkeit in unserem Leben, und als diese auch täglich in unserem Leben existierend. Der Tod ist eine allgegenwärtige Macht, denn er wird uns durch Kriege, Unfälle, durch Krankheit und Tod von Freunden, Bekannten oder Prominenten jeden Tag vor Augen geführt. Die Grenze vom Leben zum Tod ist nicht immer eindeutig. So können beispielsweise Menschen die bereits einen Herzstillstand hatten, manchmal erfolgreich wieder belebt werden.

Bei dem Tod des Menschen stellen sich in erster Linie folgende Fragen. Was ist eigentlich Tod? Wie ist der Tod definiert und wann ist ein Mensch tot?

Diese Fragen haben nicht nur uns beide beschäftigt, sondern führen auch bei Ärzten, Theologen und Menschen auf der ganzen Welt zu weitreichenden Diskussionen.

Hierbei stellt sich vor allem die Frage, ob ein Mensch der auf der Intensivstation nur noch durch eine Maschine am Leben erhalten werden kann, tatsächlich noch lebt oder ob nur seine Organe funktionieren, ohne das sein Bewusstsein vorhanden ist. Wie ist mit dem Körper eines Menschen umzugehen, dessen

Organe zwar noch funktionsfähig sind, dessen Gehirn aber keinerlei Hirnströme mehr aufweist, woraufhin dann der klinische Tod diagnostiziert wird.

Man kann in der Literatur oft festellen, dass mit dem Tod der leibliche Tod, also der Tod des menschlichen Körpers gemeint ist, nicht aber der Tod der Seele. „Der Tod wird von jeher definiert durch den irreversiblen Ausfall von Atmung und Kreislauf. Totenflecke, Totenstarre ... gelten als sicheres Zeichen des eingetretenen Todes."[4] Anders beschrieben wird es bei Hoff. „Das Subjekt des Todes ist das menschliche Individuum als leiblich- seelische Ganzheit, als (in der Regel) bewusstseins- und selbstbewusstseinsfähiges Lebewesen."[5] Dies bedeutet, der Mensch ist nicht nur als reiner Körper anzusehen, sondern als eine Einheit von Körper und Seele. Nach Hoff gibt es daher für den Menschen als „leiblich seelisches Säugetier"[6] nur einen Tod. Die Definition von Tod nach Hoff lautet: „Der Tod eines Menschen als leiblich-seelische Ganzheit bedeutet, den irreversiblen Verlust sowohl seiner Bewusstseinsfähigkeit als auch seiner Körperfunktion, soweit diese von ihm zentral gesteuert werden kann. Entsprechend der Natur des Menschen und jedes Säugetiers als Bewusstseins- und Körperwesen unterscheiden sich Leben und Tod durch Funktion und Funktionsverlust *zweier* Systeme: des Bewusstseins und des physischen Organismus. Der irreversible Funktionsverlust nur *eines* dieser Systeme reicht nicht aus, einen Menschen tot zu nennen."[7]

Ein Mensch ist daher nicht als tot anzusehen, wenn alle Organe oder einzelne Komponenten nicht mehr funktionsfähig sind, sondern erst dann, wenn die zentrale Steuerung und gesamte Integration des Organismus ausfällt.[8]

Der Verlust der zentralen Steuerung ist aber oftmals die Folge des physischen Sterbens. Bevor wir nun die Frage nach der Seele klären- und damit den mittlerweile mehr erforschten Todesnähe Erfahrungen näher kommen, möchten wir zunächst einmal den physischen Tod im medizinischen Sinne, als Ursache für den ganzheitlichen Tod, klären.

Hierbei ist der klinische Tod, der auch als Hirntod bezeichnet wird, und der biologische Tod, in Form des Herz-Kreislauf Stillstand zu unterscheiden.

---

[4] Siehe Gläser, A., Grenzen zwischen Leben und Tod, 1998, in Sitzungsberichte der sächsischen Akademie der Wissenschaften zu Leipzig, Band 126, S. 4
[5] Siehe Hoff, J., Wann ist der Mensch tot? Hamburg 1994, S. 32
[6] Siehe Hoff, J., Wann ist der Mensch tot? Hamburg 1994, S. 33
[7] Siehe Hoff, J., Wann ist der Mensch tot? Hamburg 1994, S. 33
[8] Vgl. Hoff, J., Wann ist der Mensch tot? Hamburg 1994, S. 33

1.1. Der Hirntod oder klinische Tod

Der Hirntod wird in zwei Kategorien eingeteilt, dem Ganzhirntod und dem Teilhirntod. „Vom wissenschaftlichen Beirat der Bundesärztekammer wurde 1991 der Hirntod definiert, als Zustand des irreversiblen Erloschenseins der Gesamtfunktion des Großhirns, des Kleinhirns und des Hirnstamms bei einer durch kontrollierte Beatmung noch aufrecht erhaltenen Herzkreislauf Funktion. Der Hirntod ist der Tod des Menschen."[9] Bei einem Hirntod wird das Gehirn nicht mehr mit Blut und Sauerstoff versorgt, wobei die Gehirnzellen nach und nach absterben. Er tritt unabhängig und vor dem Ausfall der übrigen Körperfunktionen ein. Während das Absterben der Körperfunktionen durch intensivmedizinische Maßnahmen verzögert werden kann, bedeutet der Verlust der Steuerungsfunktionen die Auflösung des menschliche Organismus und am Schluss der Gesamtpersönlichkeit des Menschen. Der Teilhirntod, wie z.B. durch den Ausfall des Hirnstamms, wird nicht als Hirntod angesehen, und der Sterbende dadurch von der Medizin auch gesondert behandelt.[10]

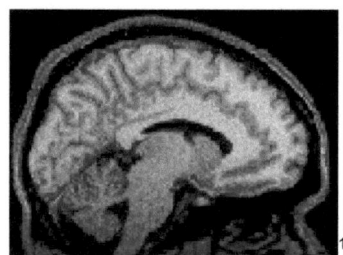
[11]

1.2. Herz- Kreislauf- Stillstand oder biologische Tod

Der Begriff biologische Tod für den Herz-Kreislauf Stillstand ist etwas verwirrend, da auch der Hirntod als solcher biologisch ist. Daher greifen wir auf den Begriff Herz-Kreislauf-Stillstand zurück. Bei dem Herz-Kreislauf Stillstand handelt es sich, wie der Name schon sagt, um den Stillstand des Herzens und Kreislauf. Das Herz hört auf zu schlagen und versorgt den Körper und dessen Organe nicht mehr mit ausreichend Sauerstoff, wodurch die Organe absterben. In Folge dessen tritt der Stillstand des Kreislaufs ein. Nach bereits drei bis vier Minuten kommt es beim Herz-Kreislauf Stillstand zu Hirnschäden, in 90 % der Fälle führt er nach ca. 10 Minuten zum Hirntod.

---

[9] Siehe Gläser, A., Grenzen zwischen Leben und Tod, 1998, in Sitzungsberichte der sächsischen Akademie der Wissenschaften zu Leipzig, Band 126, S. 6
[10] Vgl. Gläser, A., Grenzen zwischen Leben und Tod, 1998, in Sitzungsberichte der sächsischen Akademie der Wissenschaften zu Leipzig, Band 126, S. 3ff
[11] www.uni-muenster.de/.../Todesbilder/ Medizin.html => Gehirn im Hirntod Stadium

Treffen der Herz-Kreislaufstillstand und der Hrntod aufeinander, ist von einem endgültigen Tod des Menschen auszugehen.[12]

Durch den Tod, stellt sich für jeden Menschen irgendwann einmal die Frage, wie er sein eigenes Leben angesichts des Todes verstehen will und welchen Stellenwert, Sinn, und welche Bedeutung der Tod im eigenen Leben bekommt.[13] Durch die individuellen Entscheidungen über den Tod im eigenen Leben, sind verschiedene christliche und nichtchristliche Einstellungen entstanden.

Die Verdrängung des Todes, den Tod als etwas „natürliches" anzusehen oder den Tod als Durchgang, also der Unsterblichkeit der Seele zu betrachten, sind nur einige der vorhandenen Einstellungen. Im folgenden möchten wir diese drei verschiedenen Einstellungen gegenüber dem Tod näher betrachten.

1.3. Die Verdrängung des Todes

Die Verdrängung des Todes ist heutzutage die häufigste Umgangsform bei dem Menschen. Es wird sich bemüht die Wirklichkeit des Todes aus dem eigenen Leben so gut es geht herauszuhalten. Während sich früher das Sterben in hohem Maße in der Familie, Nachbarschaft und der Gemeinde vollzog, wird heute nicht selten in Einzelzimmern im Krankenhaus oder Altersheim gestorben. Leichenhallen sind der Ersatz für die Aufbahrung im eigenen Haus, und Friedhöfe werden nicht mehr direkt um die Kirche angelegt, sondern immer mehr außerhalb der Ortschaften gebaut, damit Kirchgänger nicht mit den Gräbern in Kontakt kommen, wenn sie zum Gottesdienst gehen.

Andere Personen heutzutage mit Tod, Sterben oder Todeskrankheiten wie Krebs oder Aids zu konfrontieren, gilt als unangebracht.

Viele Menschen haben das Gefühl, „...vom Tod zu nur zu sprechen, bedeute schon, ihn geistig heraufzubeschwören, ihn näher heranzuholen auf eine Weise, die einen zwingt, der Unausweichlichkeit des eigenen Sterbens ins Auge zu sehen."[14] Auch die Gewöhnung durch die Medien, in denen jeder ständig mit dem für uns unwirklichen Tod konfrontiert wird, sprechen nicht gegen die Verdrängung des wirklichen Todes.

---

[12] Vgl. http://www.cardiologe.de/patient/krankheiten/herzerkrankungen/ploetzlichr_herztod.html
[13] Vgl. Greshake, G. Tod- und dann? 1988 Freiburg, S. 9 ff
[14] Siehe Moody, R.A., Leben nach dem Tod, Hamburg 2003, S. 30

Die Frage ist jedoch, ist das Nicht-wahrhaben-wollen des Todes eine Möglichkeit den Tod zu umgehen?[15] Gisbert Greshake schreibt; hierzu: „…Die Nähe des Todes, die chronologische und existentielle Nähe, gibt dem Leben Tiefe. Das Leben wird oberflächlich, wenn es –den Tod verdrängt- sich nicht mehr die Grenze des Todes vor Augen hält."[16]

Hierzu ein Zitat von Max Frisch:

> „Das Bewusstsein unserer Sterblichkeit ist ein köstliches Geschenk, nicht die Sterblichkeit allein, die wir mit dem Molchen teilen, sondern unser Bewusstsein davon; das macht unser Dasein erst menschlich, macht es zum Abenteuer und bewahrt uns vor der vollkommenen Langeweile der Götter…
> Ich meine nicht im Tod, sondern in der Flucht vor dem Tod
> - durch medizinisch-technologische Lebensverlängerung- kommen wir uns selbst abhanden."[17]

1.4. Der „natürliche" Tod

Diese Einstellung zum Tod hängt eng mit der Verdrängung des Todes zusammen, sie ist sozusagen die theoretische Basis. Sie besagt, dass der Tod das „…unvermeidliche Ende der biologischen Lebenskurve aller Lebewesen"[18] ist, und der Tod bedeutet für andere Lebewesen auf dieser Welt Freiräume zu schaffen. Ohne Sterben ist kein neues Leben möglich, wenn die Menschheit nicht sterben würden, gäbe es keine Chancen mehr für eine Weiterentwicklung. Dadurch zeigt sich der Tod als etwas gutes, etwas positives und vollkommen natürliches.

Diese Aussage vom natürlichen Tod ist aber auch zwiespältig, denn den natürlichen Tod gibt es kaum. Oftmals sterben die Menschen bevor ihre biologische Lebenskraft und ihre Lebensmöglichkeiten erschöpft sind, durch z.B. Krankheit, Unfälle, Gewalt oder mangelnde Ernährung (z.B. in Entwicklungsländern). Jedoch ist in der Ansicht des Todes als ein Ende des natürlichen Lebens auch etwas positives, denn das Leben steht im Mittelpunkt, und kann dadurch nach all seinen Möglichkeiten ausgeschöpft werden. Nicht die Todesfurcht steht in den Gedanken an primärer Stelle, sondern das Leben.

---

[15] Vgl. Greshake, G., Tod- und dann? Freiburg im Breisgau 1988, S. 11 ff
[16] Siehe Greshake, G., Tod- und dann? Freiburg im Breisgau 1988, S. 15
[17] Siehe Zitat von Frisch, M. in Greshake, G. Tod- und dann? Freiburg im Breisgau 1988, S. 14
[18] Siehe Greshake, G., Tod- und dann? Freiburg im Breisgau 1988, S. 18

„Denn solange wir leben, ist der Tod nicht da, und wenn der Tod da ist, leben wir nicht mehr."[19] Jedoch ist dieser Blickwinkel auch anders zu sehen.

„Auch der, der einen „natürlichen Tod" stirbt, sagen wir mit 80,90,100 oder gar mit 150,200 Jahren, nach einem geglücktem Leben, „lebenssatt und reif" - stirbt nicht auch der immer noch „zu früh"? Zu früh deshalb, weil er spürt, daß seine Lebensmöglichkeiten, das ungeheure Potential an Hoffnung und Sehnsucht, immer noch nicht ausgeschöpft ist."[20]

Die Frage hierbei ist, lässt sich das menschliche Leben, innerhalb eines bestimmten Lebenszeitraums zur Vollendung und vollkommenen Erfüllung bringen? Wenn genauer gesagt nicht nach einem vollkommen und erfüllten Leben der „natürliche Tod" eintritt, dann begegnet uns der Tod als Ende, der ein Leben abbricht, dass seine Erfüllung noch nicht gefunden hat. Wer den Tod nur als etwas „natürliches" ansieht, dass zum Ende des Leben gehört, muss sich fragen, wann ist das richtige Ende gekommen, oder gibt es dies überhaupt? Die Aussage vom natürlichen Tod macht es sich insofern zu leicht, den Tod bis ans Lebensende herauszuschieben, denn der Tod ist etwas, dass mitten im Leben geschieht.[21]

1.5. Der Tod als Durchgang zur Unsterblichkeit der Seele

Diese Überzeugung betrachtet den Tod nicht als das Ende des Lebens, sondern als Tor zu einem neuen Leben, also der Unsterblichkeit der Seele. Diese Einstellung gegenüber dem Tod ist von der Unvergänglichkeit des Menschen überzeugt, und betrachtet den Tod nur als Trennung des sterblichen Körpers und der unsterblichen Seele. Auf diesem Todesverständnis, das es in verschiedenen Formen gibt, steht auch die Lehre der Reinkarnation.

Die Einstellung zu der unsterblichen Seele, die durch den Tod hinaus weiter lebt, ist auch im christlichen Glauben zu finden. „Im christlichen Glaubensverständnis wird somit die Unsterblichkeit der Seele klar und eindeutig als Folge des dialogischen Verhältnisses von Gott und Mensch betrachtet. Das heißt, unsterblich ist der Mensch nicht, weil er auch sich heraus über Unsterblichkeit verfügt, so daß er selbst dem Tode trotzen könnte, vielmehr kommt ihm Unvergänglichkeit zu, auf Grund seines Vor-Gott-gestellt-Seins."[22] Durch diese Ansicht haben wir uns schon an das christliche Todesverständnis angeschlossen.

---

[19] Siehe Greshake, G., Tod- und dann? Freiburg im Breisgau 1988, S. 23
[20] Siehe Greshake, G., Tod- und dann? Freiburg im Breisgau 1988, S. 24f
[21] Vgl. Greshake, G., Tod- und dann? Freiburg im Breisgau 1988, S. 18 ff
[22] Siehe Greshake, G., Tod- und dann? Freiburg im Breisgau 1988, S. 35 ff

Jedoch ist auch bei dieser Einstellung dem Tod gegenüber zu hinterfragen, dass die Unsterblichkeit der Seele nicht bewiesen ist, sondern das eine Ahnung im Menschen, eine Hoffnung auf die Unsterblichkeit der Seele vorhanden ist. Und wenn man nur die Seele als das Hoffnungsvolle im Menschen ansieht, als das Unsterbliche, was ist dann mit meinem leiblichen „In-der-Welt-Sein"?[23] Sind meine Beziehungen zu anderen Menschen, meine Arbeit, mein mit dem Körper und der Seele in Einheit erschaffenes vergebens gewesen? „So erhält auch diese Einstellung zum Tod den Charakter des Fragwürdigen, Zwiespältigen und Unbestimmten."[24]

Nachdem wir nun den physischen Tod, und die verschiedenen Einstellungen dem Tod gegenüber genauer betrachtet haben, möchten wir nun auf den Bereich der Seele eingehen, und somit auch den Todesnähe- Erfahrungen näher kommen.

2.Todesnähe Erfahrungen

Das Thema Nahtod-Erfahrungen ist in der Literatur seit Mitte der 70 Jahre, als der amerikanische Arzt Raymond A. Moody mit seinem ersten Buch auf breites Interesse stieß, umfangreich zu finden, und von der Wissenschaft intensiver erforscht worden. Mit Todesnähe- Erfahrungen sind die Erlebnisse gemeint, die Menschen widerfahren sind, als sie sich in einer „sterbenden" Situation befanden, und wieder ins Leben zurückgekehrt sind. Bei weitem nicht alle Personen, die klinisch tot waren und wiederbelebt wurden berichten von Nahtod Erfahrungen. Etwa 35% geben an, ein besonderes Erlebnis gehabt zu haben, die restlichen 65% erwähnen hiervon nichts.

Etwa jeder fünfte erinnert sich erst nach Tagen, Wochen oder Monaten an die gemachte Erfahrung.[25] Nach einer Schätzung von George Gallup haben 5% der Bevölkerung schon einmal Nahtod-Erfahrungen gemacht, doch viele scheuen sich darüber zu reden, aus Angst nicht ernst genommen zu werden. Oftmals fehlen den Patienten Vertrauen, Akzeptanz und ein geschützter Raum bei der Verarbeitung der Erlebnisse. Viele der Betroffenen bezweifeln auch selbst die Authentizität ihrer Erfahrungen.[26] Über den Vorgang des Sterbens sind heutzutage eine Vielzahl von Studien vorhanden.

---

[23] Siehe Greshake, G., Tod- und dann? Freiburg im Breisgau 1988, S. 40
[24] Siehe Greshake, G., Tod- und dann? Freiburg im Breisgau 1988, S. 40 f
[25] Vgl. Högl. S., Die religiöse Dimension der Nah-Todeserfahrungen, Uni Regensburg 1996
[26] Vgl. Moody, R.A., Leben nach dem Tod, Hamburg 2003, S. 10

Was aber beim Eintritt des Todes geschieht, und welche spezifischen Erfahrungen der Mensch in dieser Situation macht, wenn er im medizinischen Sinne für tot erklärt wird, darüber gibt es kaum Erkenntnisse. Forschungen, wie die von Raymond Moody, der sich seit über 25 Jahren mit Todesnähe Erfahrungen beschäftigt, „... zeigen, dass der sterbende Patient sein Bewusstsein behält und seine Umgebung wahrnimmt, auch nachdem er für klinisch tot erklärt worden ist."[27] Die medizinischen Rahmenbedingungen eines Nahtod-Erlebnisses haben hierbei in der Regel keine Auswirkungen auf den Inhalt des Erlebnisses. Das Wesen des Todes wird meist in zwei Gruppen eingeteilt, die aus alten Überlieferungen heraus entstanden sind und auch heute noch ihre Gültigkeit haben. „ Die einen sagen, der Tod sei der Untergang des Bewusstseins. Die anderen sagen ebenso überzeugt, der Tod sei das Hinübergehen der Seele oder des Geistes in eine andere Dimension der Wirklichkeit."[28]

Todesnähe-Erfahrungen die bisher umfangreich untersucht worden sind, gliedern sich in drei unterschiedliche Kategorien.

- Erfahrungen von Personen, die reanimiert worden sind, nachdem sie von ihren Ärzten als klinisch Tod erklärt worden sind.
- Erfahrungen von Personen, die bei Unfällen und schweren Verletzungen dem biologischen Tod nahe gewesen sind.
- Erfahrungen von Personen, die ihre Sterbe-Erlebnisse anderen Personen, die bei Ihnen waren erzählt haben.[29]

In wieweit ein Sterbender in das Nahtod-Erlebnis vordringen kann, hängt von unterschiedlichen Faktoren ab. Hierbei ist vor allem wichtig, in wie weit der klinische Tod erkennbar eingetreten ist, und wie lange sich der Mensch in dieser Situation aufgehalten hat.[30]

Während des Sterbens berichten Menschen immer wieder von Erlebnissen, die sich einander ähneln oder nach gleichen Mustern verlaufen, jedoch gibt es keine bisher erfasste identische Nahtod-Erfahrung.

---

[27] Siehe Kübler-Ross, E., in Moody, R.A., Leben nach dem Tod, Hamburg 2003, S. 21
[28] Siehe Moody, R.A., Leben nach dem Tod, Hamburg 2003, S. 33
[29] Vgl. Moody, R.A., Leben nach dem Tod, Hamburg 2003, S. 33 ff
[30] Vgl. Moody, R.A., Leben nach dem Tod, Hamburg 2003, S. 35f

Auch hat bisher noch kein Nahtod-Patient alle Erfahrungen zusammen erlebt, sondern immer nur einzelne Teile.

Eine Grundstruktur jedoch ist bei fast allen Nahtod-Patienten wieder zufinden. „Der „Sterbende" löst sich von seinem physischen Körper, sieht diesen unter sich liegen, nimmt alles wahr, was geschieht, kann sich aber selbst nicht mehr auf der physischen Ebene bemerkbar machen."[31] Diese Erfahrung wird als das Verlassen des Leibes beschrieben.

Weitere Erfahrungen die Menschen gemacht haben sind:

- ❖ Das Licht und Lichtwesen
- ❖ Das Hören der Todesnachricht
- ❖ Gefühle von Frieden und Ruhe
- ❖ Ein dunkler Tunnel
- ❖ Begegnungen mit Verstorbenen
- ❖ Die Rückschau oder der Lebensfilm
- ❖ Die Umkehr

Im folgenden möchten wir die einzelnen Erfahrungen, die Menschen in einer Nahtod-Erfahrung gemacht haben und die danach wissenschaftlich festgehalten worden sind, genauer erläutern.

2.1. Das Verlassen des Leibes

Viele Menschen identifizieren sich die meiste Zeit mit ihrem physischen Körper, und sehen ihren Geist als vergänglich, oder zweifeln an der Existenz ihres Geistes und sehen ihn ihm „...am Ende womöglich nichts weiter als die Folge der elektrischen und chemischen Vorgänge, die sich im Gehirn, also einen Teil des stofflichen Körpers, abspielen."[32]

Oftmals berichten Nahtod-Patienten jedoch von der Erfahrung der Körperlosigkeit, dass heißt sie konnten ihren Körper von Außen betrachten. Die Betroffenen haben sich hierbei an der Unfallstelle oder im Krankenhaus, selbst bei ihrem Sterbevorgang und der Wiederbelebung zusehen können. Die Betroffenen gaben an, alles in ihrem Umfeld visuell wahrgenommen zu haben, jedoch habe sie die anderen Personen nicht akustisch gehört, aber jedes Wort das Gesagt wurde in ihrem Bewusstsein verstanden.[33]

---

[31] Siehe Michel, P./Wagner A., Das Leben nach dem Tod, Wien 2000, S. 74
[32] Siehe Moody, R.A., Leben nach dem Tod, Hamburg 2003, S. 49
[33] Vgl Moody, R.A., Leben nach dem Tod, Hamburg 2003, S. 49 ff

Die Nahtod-Patienten berichten davon, dass sich ihr Geist nicht alleine aus dem physischen Körper gelöst hat, sondern das dieser in einem sogenannten „spirituellen Leib" weiter existierte.[34]

Dieser Leib wird als Ganzes wahrgenommen, also mit Beinen, Armen, Hals und Kopf, obwohl vielleicht während des Unfalls ein Bein vom physischen Körper abgetrennt wurde. Alle Betroffenen die ihr Dasein in einem spirituellen Leib erlebt haben, behaupten, dass dieser von den im physischen Körper Lebenden nicht wahr- genommen werden kann, dennoch aber konkret existiert.[35]

Kenneth Ring beschäftigte sich vor allem mit Betroffenen die von dem Verlassen des Leibes berichteten, jedoch diesen Zustand mit bedeckten Augen oder durch eine Erblindung (die schon vor dem medizinischen Tod vorhanden war) erlebten. Hierbei wurde festgestellt, dass die Aussagen der Nahtod-Patienten in Bezug auf die äußerliche Beschreibung des Umfelds, die Dialoge zwischen dem Personal, sowie das Aussehen des Personals mit der Realität identisch waren. Auch die medizinische Behandlungsweise wurde mit den Krankenblättern verglichen, und von den Patienten präzise und identisch in den verwendeten medizinischen Worten beschrieben.[36]

2.2. Das Licht und Lichtwesen

In fast allen Erlebnisberichten von Nahtod-Patienten wird von einem überdurchschnittlich starken Licht berichtet, meist hat es die Farbe weiß oder ist klar. Dieses Licht wird weder als blendend oder schmerzhaft empfunden, sondern trotz seiner Helligkeit als angenehm warm. Die Nahtod-Patienten empfinden bei diesem Licht oftmals Liebe und Wärme. „Im Rahmen der Erfahrung des „Lichtes" schildern viele Personen auch die Begegnung mit einem „Lichtwesen"."[37]

„Interessanterweise wird es jedoch von Fall zu Fall und offenbar je nach dem besonderen religiösen Hintergrund, der jeweiligen Erziehung und religiösen Überzeugung des Betreffenden anders benannt. So identifiziert die Mehrzahl derer, die von ihrer Erziehung und Überzeugung her Christen sind, dieses Licht mit Christus, wobei sie gelegentlich Parallelen zur Bibel ziehen, um ihre Deutung zu untermauern. Ein Jude und eine Jüdin sahen in dem Licht einen >>Engel<<."[38]

---

[34] Siehe Moody, R.A., Leben nach dem Tod, Hamburg 2003, S. 58
[35] Vgl Moody, R.A., Leben nach dem Tod, Hamburg 2003, S. 60
[36] Vgl. Ring K., In: Michel, P./Wagner A., Das Leben nach dem Tod, Wien 2000, S. 83
[37] Siehe Michel, P./Wagner A., Das Leben nach dem Tod, Wien 2000, S. 116
[38] Siehe Moody, R.A., Leben nach dem Tod, Hamburg 2003, S. 72

 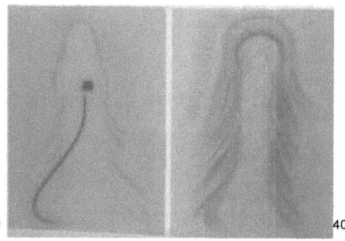

39 40

2.3. Das Hören der Todesnachricht

Als „Hören der Todesnachricht" beschreiben viele der Todesnähe-Patienten eine Situation, in der sie gehört haben wie ein Arzt, eine Ärztin oder ein anderer Anwesender, den Patienten für Tod erklärt haben.

Viele der Nahtod-Patienten konnten hierbei wortwörtlich das Gesagte wiederholen, oder die Therapiemaßnahmen vor der Todesnachricht beschreiben. Das heißt Patienten die für Tod erklärt worden sind, konnten z.B. nach ihrem Erwachen detailliert aufführen welches Medikament ihnen in welcher Dosis verabreicht worden ist.[41]

2.4. Gefühle von Frieden und Ruhe

Viele der Nahtod-Patienten berichten von einem Gefühl von Frieden und Ruhe, aber auch von Einsamkeit. Diese Gefühle wurden als sehr angenehm erlebt und beschrieben, der Tod als etwas nicht schmerzhaftes empfunden. Die Nahtod Erfahrung wird hierdurch oftmals als etwas „beglückendes" Erlebt, so dass die Patienten nach ihrem Erwachen aus dem medizinischen Tod, nicht geschockt oder verängstigt reagieren.[42]

2.5. Ein dunkler Tunnel

Der dunkle Tunnel tritt oftmals zusammen mit einem lauten, unangenehmen Geräusch auf. Der Betroffene hat das Gefühl sehr schnell „…durch einen <<dunklen Raum>> gezogen zu werden."[43] Das Tunnelerlebnis gehört, in Bezug auf die Intensivität des Erlebnisses, bei den Betroffenen zu den häufigsten Schilderungen.

---

[39] Siehe www.uni-leipzig.de/…/ lichtwesen_vor_pult__junge_9j.jpg
[39] Siehe www.liechtoase.ch/kontakt/ liechtbilder.htm
[41] Vgl. Moody, R.A., Leben nach dem Tod, Hamburg 2003, S. 43 f
[42] Vgl. siehe Michel, P./Wagner A., Das Leben nach dem Tod, Wien 2000, S. 78
[43] Siehe Moody, R.A., Leben nach dem Tod, Hamburg 2003, S. 46

Nahtod-Patienten die dieses Erlebnis als etwas religiöses ansehen, beschreiben diesen Tunnel als „...den <Ort und Schatten des Todes>" der in der Bibel im Matthäus-Evangelium 4,16 erwähnt wird. [44]

 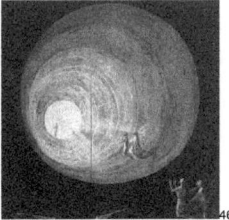

2.6. Begegnungen mit Verstorbenen

Bei den Begegnungen mit Verstorben wird immer wieder davon berichtet, dass die „sterbenden Menschen" von einer Bekannten verstorbenen Person, manchmal aber auch unbekannten Person empfangen wurde. Diese Personen haben den Patienten die Angst genommen, ihre offnen Fragen beantwortet oder auch gesagt, dass sie zurück kehren müssten. Die Begegnung mit Verstorbenen wird oft von Kindern mit Nahtod-Erlebnissen berichtet, die von verstorbenen Großeltern, Tanten, Onkel usw. empfangen wurden.

2.7. Die Rückschau oder der Lebensfilm

Nahtod-Patienten berichten immer wieder von einem Erlebnis das als Rückschau oder Lebensfilm genannt wird. „Diese Rückschau lässt sich wohl am ehesten als ein Wiederauftauchen von Erinnerungsbildern beschreiben, denn dieses Phänomen kommt ihr am nächsten; anderseits weist sie jedoch Merkmale auf, die sich von jedem normalen Erinnerungsprozess abheben. Zunächst einmal läuft sie mit außerordentlicher Geschwindigkeit ab.

In zeitlicher Hinsicht wird berichtet, dass die Bilder einander rasch und in chronologischer Ordnung folgen. Andere Zeugen wiederum können sich nicht erinnern, überhaupt eine zeitliche Reihenfolge wahrgenommen zu haben. Das Wiedererkennen ging blitzartig vor sich; alle erinnerten Geschehnisse erschienen gleichzeitig und konnten mit einem Blick des geistigen Auges erfasst werden."[47]

---

[44] Siehe Moody, R.A., Leben nach dem Tod, Hamburg 2003, S. 47
[45] Siehe http://www.nahtod.de/ Kupferstich von Gustav Doré, der die heimkehrende Seele darstellen soll - eine Illustration der Visionen von Dante.
[46] Siehe http://memopolis.uni-regensburg.de/lektuere/texte/hoegl/nahtod.html => Bild von Hieronymus Bosch, der den Einzug der Seele ins Reich Gottes darstellen wollte.
[47] Siehe Moody, R.A., Leben nach dem Tod, Hamburg 2003, S.77

Alle Patienten die diese Erfahrung machten, schildern ihren Lebensfilm als „Spiel visueller Vorstellungsbilder"[48], als reale, klare Bilder, die in lebendiger Farbe und Dreidimensional auftraten. Nach dem Erlebnis können die Patienten die verschiedensten Stufen ihres Lebens aufführen, von der Geburt bis zum jetzigen Zeitpunkt. Viele der Nahtod-Patienten konnten nach dem Rückschau Erlebnis ihren Eltern z.b. die Komplikationen bei der eigenen Geburt schildern, von denen sie vorher nichts wussten.

2.8. Die Umkehr

Alle Nahtod-Patienten die von ihren Erlebnissen berichten konnten, mussten aus ihrem „Sterbevorgang" irgendwann wieder umkehren. Dieses Erlebnis wird als plötzliche Eingebung geschildert, die die Nahtod-Patienten zu einer Entscheidung herausfordert.

Einige der Betroffenen schildern dieses Umkehr-Erlebnis als etwas ungewolltes, jedoch verpflichtendes Gefühl, beispielsweise wenn kleine Kinder in der Familie waren. Viele sagten ihre Entscheidung wurde stark von der „gefühlten" Liebe anderer Menschen beeinflusst, wie z.B. vom Partner, Kindern oder Verwandten.

„Nur sehr wenige erleben den eigentlichen Wiedereintritt in ihren Körper bewusst mit. Die meisten geben an, sie hätten gegen Ende ihres Erlebnisses den Eindruck gehabt, einfach <<einzuschlafen>> oder das Bewusstsein zu verlieren, und seien dann später in ihren stofflichen Körper erwacht."[49]

2.9. Die neue Sicht des Todes

Viele Menschen haben schon einmal etwas von Nahtod-Erfahrung gehört, jedoch ist es ein Phänomen des Menschen, nur das zu glauben was er sieht oder selbst erlebt hat. In der Medizin wird eine Nahtod-Erfahrung auch oftmals als ein Prozess erklärt, der im Körper durch Endorphine und Serotonin, in Verbindung mit einer Hypoxie oder Hyperkapnie ausgelöst wird.

Daneben werden endogene Halluzinogene als mögliche Ursache vermutet. Zudem scheint eine „spezielle Funktion der rechten Hemisphäre" bei Nahtod-Erlebnissen wie auch bei ähnlichen Erlebnissen zu bestehen.[50]

„Das Interesse an den medizinischen und insbesondere den neurophysiologischen Umständen beim NTE hat vor allem folgende zwei

---

[48] Siehe Michel, P./Wagner A., Das Leben nach dem Tod, Wien 2000, S.76
[49] Siehe Moody, R.A., Leben nach dem Tod, Hamburg 2003, S.93
[50] Vgl. Die religiöse Dimension der Nah-Todeserfahrungen, Regensburg 1996, S.10

Gründe: Einerseits sollen die Rahmenbedingungen geklärt werden, unter denen ein Nah-Todeserlebnis auftritt und womöglich später „künstlich" induziert werden kann. Bei bestimmten Komponenten des NTEs ist dies bereits gelungen. Darüber hinaus gibt es andererseits Bestrebungen einiger Forscher, Nah-Todeserfahrungen auf diesem Wege auf neurobiologische Funktionen zu reduzieren."[51]

Erlebt ein Mensch eine Nahtod-Erfahrung, hat dies starke Auswirkungen auf die weitere Lebenseinstellung des Patienten, insbesondere dann wenn der Mensch vorher nicht daran geglaubt hatte, dass es so etwas wie ein Weiterleben nach dem Tod gibt. Alle Nahtod-Patienten berichten auch noch Jahre nach ihrem Erlebnis, dass die Angst vor dem Tod nicht mehr vorhanden ist. Der Todesgedanke hat seinen Schrecken verloren, weil sie wissen, dass das Leben durch den Tod nicht abgeschlossen ist.

Eine spezifische Sehnsucht nach dem Todeserlebnis ist jedoch auch nicht vorhanden, er wird einfach als das akzeptiert was er ist. Auch Beerdigungen sind nach Angaben für diese Menschen nicht mehr erschreckend, unheimlich oder beängstigend. Viele der Nahtod-Patienten beschreiben den Tod, der für viele als Ende des Lebens steht, auch nicht mehr als diesen, sondern betiteln diese Erfahrung mit Heimkehr, Prüfung oder Zuflucht. Nach einer Nahtod-Erfahrung werden viele der Erlebnisse in Bilder festgehalten. Auffallend hierbei ist, dass keiner der Betroffenen, egal ob Kind oder Erwachsener, je einen Himmel oder ein Himmelstor zeichnete. Weiter wurden auch nie Wesen wie Engel oder Teufel gemalt. Auch das Schema von Belohnung und Lohn oder Sühne und Strafe wird nie erwähnt. Es hat in der bisher geschilderten Nahtod-Erfahrung nie eine Rolle gespielt.[52]

Videoausschnitt: BBC Exklusiv- Begegnung mit dem Tod (ca. 15 min.) und bei Bedarf kurze Pause.

Nachdem wir jetzt den wissenschaftlichen Bereich vom dem Leben nach dem Tod bearbeitet haben, möchten wir nun zu dem theologischen Teil kommen.

---

[51] Vgl. Die religiöse Dimension der Nah-Todeserfahrungen, Regensburg 1996, S. 10f
[52] Vgl. Moody, R.A., Leben nach dem Tod, Hamburg 2003, S.103 ff

3. Das neue Testament und der Himmel

Wir halten es für angemessen, den Nahtod gerade in der Frage der Totenauferstehung gesondert zu betrachten. Dennoch ist dieses Thema alttestamentlich vorgeprägt und knüpft an die jüdische Tradition an.

3.1 Bilder der Hoffnung

Viele Menschen hegen die Hoffnung, dass ein Leben über den Tod hinaus besteht. Die Vorstellungen davon sind ganz unterschiedlich und stoßen unserer Meinung nach auch sehr schnell auf die Frage nach dem Verhältnis von Leib und Seele.

Wir heben zwei Hoffnungsbilder hervor, „... mit denen Menschen ihre Sehnsucht und ihr Vertrauen, daß der Tod nicht das Letzte ist, ausgedrückt haben. Diese beiden Hoffnungsbilder haben deshalb besondere Bedeutung, weil sie später auch zur Formulierung der christlichen Hoffnung übernommen wurden."[53]

Aus der „platonischen Philosophie" entstammt das erste Hoffnungsbild. Es besagt, „... dass im Menschen selbst etwas Unsterbliches ist, nämlich seine unvergängliche Seele, die vom Tod des Leibes nicht erreicht wird. Durch sie hat der Mensch Anteil am ewigen göttlichen Leben. Stirbt der Leib, so kehrt die Seele befreit von den Fesseln der Materie in das Reich ewigen göttlichen Lebens zurück."[54]

Das zweite Hoffnungsbild, das „hebräisch biblische", kannte keine „... unsterbliche Seele, die den Tod überdauert; sie faßten den Menschen nicht auf als zusammengesetzt aus Leib und Seele; sie verstanden ihn als eins und ungeteilt."[55]

Der Tod ergreift somit den ganzen Menschen. „Hoffnung über den Tod hinaus kann es nur deshalb geben, weil man erwartet, daß Gott seinen Geist aufs neue in den Toten sendet, ihn wiederbelebt, ihn auferweckt."[56]

In ihrer Auslegung sind „Unsterblichkeit der Seele" und „Auferweckung des Leibes" also zwei ganz unterschiedliche Hoffnungsbilder.

---

[53] Siehe Greshake, G., Stärker als der Tod, Mainz 1988, S. 58
[54] Siehe Greshake, G., Stärker als der Tod, Mainz 1988, S. 58f
[55] Siehe Greshake, G., Stärker als der Tod, Mainz 1988, S. 59
[56] Siehe Greshake, G., Stärker als der Tod, Mainz 1988, S. 59

Im Neuen Testament gründet sich die christliche Hoffnung nicht auf die „unsterbliche Seele", sondern „... vielmehr allein in der Auferstehung Jesu, sie richtet sich auf die erweckende Macht Gottes."[57]

Wir halten die Klärung dieser beiden Positionen, auch gerade im Hinblick auf das Verständnis im Neuen Testament für sehr bedeutsam, weil im Denken vieler Christen die Haltung genau umgekehrt ist.

Das heißt, die Hoffnung richtet „... sich auf die Unsterblichkeit der Seele, die sich im Tod vom Leib trennt und zu Gott zurückkehrt."[58]

Herbert Vorgrimler begründet das in seinem Buch damit, das der Leib in der Realität des Todes vergänglich ist und somit die Auffassung von der Einheit und Ganzheit des Menschen scheitert.

Er betont, dass gerade in dem Wissen um die Vergänglichkeit des Körpers, ein ungemeiner Trost und Hoffnung in der Einzigartigkeit einer jeden Seele steckt.[59]

Bei Gisbert Greshake fanden wir den Hinweis, dass es auch zu einer Art Zusammensetzung von beiden Hoffnungsbildern kam.[60]

Diese Mittelposition hebt darauf ab, Leib und Seele zwar zu differenzieren, aber nicht zu trennen.

Zum einen kehrt die Seele nach dem Tod sofort heim in die göttliche Welt, aber „... die letzte Vollendung findet der Mensch erst, wenn er als ganzer mit der ganzen Welt von Gott neu belebt wird, d.h. seine letzte Erfüllung findet er erst in der Auferweckung des Fleisches."[61]

Damit soll zum Ausdruck gebracht werden, „...dass der Mensch nicht nur als ein geschichtsloses geistiges Selbst Erfüllung findet, daß er vielmehr mit seiner Welt und Geschichte, mit seinem ganzen Leben zu Gott heimkehrt."[62]

Aber auch hier tritt zunächst der Gedanke der Auferstehung, als nachfolgendes Ereignis, zugunsten „der Gottesbegegnung der Seele im Tod zurück."[63]

Vorgrimler weist darauf hin, dass die Ansätze im christlichen Denken über den Tod zwiespältig sind und es kaum gelingen kann zu einer Einigkeit zu kommen.[64] Aber für uns ist das nur legitim und liegt letztlich am Thema Tod selbst, über den wir nur spekulieren können, bzw. den wir uns über Nahtoderlebnisse annähern können.

---

[57] Siehe Greshake, G., Stärker als der Tod, Mainz 1988, S. 63
[58] Siehe Greshake, G., Stärker als der Tod, Mainz 1988, S. 63
[59] Vgl. Vorgrimler, H., Der Tod im Denken und Leben des Christen, Düsseldorf, 1982, S. 146
[60] Vgl. Greshake, G., Stärker als der Tod, Mainz 1988, S. 66
[61] Siehe Greshake, G., Stärker als der Tod, Mainz 1988, S. 66
[62] Siehe Greshake, G., Stärker als der Tod, Mainz 1988, S. 65
[63] Siehe Greshake, G., Stärker als der Tod, Mainz 1988, S. 65
[64] Vgl. Vorgrimler, H., Der Tod im Denken und Leben des Christen, Düsseldorf 1982, S. 147

Wir können für uns sagen, dass wir bisher immer und ausschließlich an die Unsterblichkeit der Seele geglaubt haben, vielmehr darauf hoffen. Das rührt natürlich daher, dass wie uns vorher nicht so intensiv mit der Aussage des NT beschäftigt haben, aber auch jetzt ist uns der Glaube an die Auferstehung des Fleisches befremdlich.

Was bedeutet nun: Das Neue Testament und der Himmel?

Mit dem Himmel sind die verschiedensten Assoziationen verbunden. In Verbindung mit dem Tod sprechen wir fast immer vom Himmel oder im Umkehrschluss von der Hölle.

Wir möchten uns nun dem Verständnis von Himmel, Hölle, Fegefeuer und Gericht widmen, das uns nach eingehender Beschäftigung um vieles klarer erscheint.

3.2. Der Himmel

Leonardo Boff schreibt in seinem Buch: „Himmel ist die überirdische Wirklichkeit, die die Atmosphäre Gottes bildet und die in unbegrenztem, vollem und höchstem Maße alles das realisiert, was der Mensch an Großem, Schönem, Versöhnlichem und Erfüllendem erträumen und anstreben kann."[65]

In diesen Worten drückt sich für mich die Hoffnung aus, die der Mensch, im Leben sowie im Tod, mit dem Himmel verbindet.

Boff sagt weiter: „Himmel ist schlicht ein Synonym für Gott und, im Neuen Testament, für den auferstandenen Jesus Christus."[66]

Die Bibel beschreibt den Himmel mit zahllosen Bildern, die allesamt dem menschlichen Kontext entlehnt sind.[67]

„Der Himmel als ewiges Leben" ist der Ausdruck, den die Bibel am häufigsten für Himmel verwendet.(Mt 19,16.29; 25,46; Joh 3,16; 6,27; 10,28; 17,3; Röm 2,7; 6,22; Gal 6,8;Tit 1,2; 3,7; 1 Joh 2,25)[68]

Im Matthäus Evangelium 19, 29 steht z.B. „Und jeder, der Häuser oder Brüder oder Schwestern oder Vater oder Mutter oder Kinder oder Äcker verlässt um meines Namens willen, der wird`s hundertfach wieder empfangen und das ewige Leben erben."[69]

---

[65] Siehe Boff, L., Was kommt Nachher?, Das Leben nach dem Tode, München 1992, S. 59
[66] Siehe Boff, L., Was kommt Nachher?, Das Leben nach dem Tode, München 1992, S. 59
[67] Vgl. Boff, L., Was kommt Nachher?, Das Leben nach dem Tode, München 1992, S. 63
[68] Siehe Boff, L., Was kommt Nachher?, Das Leben nach dem Tode, München 1992, S. 64
[69] Siehe Mt 19, 29

Hier spiegelt sich für uns der Wunsch des Menschen wieder, ewig sein zu können. Allerdings bedeutet nach L. Boff Ewigkeit „... keine unendliche Zeit, sondern die Fülle und die absolute Vollkommenheit eines Wesens. Aus diesem Grund ist Ewigkeit das Sein Gottes selbst. Der Himmel besteht darin, das Leben Gottes, das heißt ein vollkommenes, erfülltes und total realisiertes Leben leben zu können."[70]

Für uns wird hier aber auch deutlich, dass das Leben, so wie es hier beschrieben wird, sich nicht nur auf das Erwarten nach dem Tod bezieht, sondern wie es L. Boff ebenfalls beschreibt, das der „... Himmel bereits auf der Erde beginnt."[71]

Wir halten die Aussage, dass der „Himmel bereits auf der Erde beginnt", für wesentlich im Verständnis der Eschatologie.

Noch mal zur Erinnerung - Eschatologie bedeutet: „Aus der Gegenwart in Funktion der Zukunft sprechen."[72]

Das heißt, wenn ich zu Lebzeiten Momente der Zufriedenheit, des Glücks, der Liebe, des Friedens und der Ruhe erfahren konnte, mache ich die Erfahrung des Unendlichen und erlebe etwas von dem „Mehr", das alle Dinge umgibt.

Allerdings macht Gisbert Greshake deutlich, dass es nicht darum geht bei sich selbst zu bleiben, sondern seine Empfindungen mit anderen zu teilen, für andere Menschen da zu sein. Er sagt: „Der Himmel ist vollendete Liebe und Kommunikation."[73]

Die Bedeutung der Eschatologie überträgt sich auch auf die letzten Dinge: Hölle, Fegefeuer und Gericht, auf die wir noch eingehen werden.

L. Boff äußert sich dazu: „... Himmel und Hölle, Fegefeuer und Gericht sind also keine Realitäten, die erst nach dem Tode beginnen. Wenn auch in unvollständiger Gestalt, können wir sie schon jetzt erleben und erfahren."[74]

[75]

---

[70] Siehe Boff, L., Was kommt Nachher?, Das Leben nach dem Tode, München 1992, S. 65
[71] Siehe Boff, L., Was kommt Nachher?, Das Leben nach dem Tode, München 1992, S. 71
[72] Siehe Boff, L., Was kommt Nachher?, Das Leben nach dem Tode, München 1992, S. 25
[73] Siehe Greshake, G., Stärker als der Tod, Mainz 1988, S. 77
[74] Siehe Boff, L., Was kommt Nachher?, Das Leben nach dem Tode, München 1992, S. 25

3.3. Die Hölle

Für G. Greshake heißt L. Boffs Aussage, auf die Hölle bezogen: „Wo der Mensch nur bei sich selbst bleibt, wo er die anderen abweist und die Christusgemeinschaft verweigert, da zerstört menschliches Leben sich jetzt schon, da beginnt – anders gesagt – bereits das, was Schrift und Tradition „Hölle" nennen."[76]

Für viele Menschen hat das Wort Hölle etwas zutiefst Beängstigendes, aber um bei Greshakes Aussage zu bleiben, ist unserer Meinung nach die Hölle nicht als Ort der Strafe zu verstehen, die Gott sich ausgedacht hat, sondern vielmehr als Zustand eines Menschen zu begreifen.

„Hölle wie Himmel sind sozusagen die immanente Logik des menschlichen Lebens selbst, die absolute – und zwar positive wie negative – Vollendung des menschlichen Daseins, wie es sich jetzt schon vollzieht."[77]

Das Sprechen von der Hölle nimmt in der Verkündigung Jesu einen bedeutenden Stellenwert ein.

In der Bergpredigt heißt es z.B.: „Wer seinen Bruder gottlos nennt, soll dem Feuer der Hölle verfallen."[78]

L. Boff schreibt, dass das Hauptanliegen Jesu Predigt in der *Umkehr* liegt.

„Umkehr bedeutet, Rückkehr auf den rechten Weg, Hinwendung zum Mitmenschen ... im Sinne Gottes und seines göttlichen Vorschlags."[79]

3.4. Gericht und Fegefeuer

Greshake versteht das Gericht und Fegefeuer als ein „Moment der Gottesbegegnung, nämlich der Begegnung des unfertigen und in der Liebe unreifen Menschen mit (...) Gott, eine Begegnung, die zutiefst beschämend, schmerzhaft und deswegen läuternd ist."[80]

L. Boff schildert, dass das Fegefeuer wie die Hölle kein Ort der Strafe ist, an den man gehen könnte, sondern eine krisenhafte Situation des Menschen.[81]

Dazu sagt er: „Der Tod führt den Menschen in die tiefste Krise seines Lebens."[82]

---

[75] www.endeavoracademy.de/ leseraum.htm => Himmelsbild
[76] Siehe Greshake, G., Stärker als der Tod, Mainz 1988, S. 78
[77] Siehe Greshake, G., Stärker als der Tod, Mainz 1988, S. 78
[78] Siehe Mt 5, 22
[79] Siehe Boff, L., Was kommt Nachher?, Das Leben nach dem Tode, München 1992, S. 77
[80] Siehe Greshake, G., Stärker als der Tod, Mainz 1988, S. 93
[81] Vgl. Boff, L., Was kommt Nachher?, Das Leben nach dem Tode, München 1992, S. 53
[82] Siehe Boff, L., Was kommt Nachher?, Das Leben nach dem Tode, München 1992, S. 53

Krise (griechisch) bedeutet: Unsicherheit, bedenkliche Lage, Zuspitzung, Höhepunkt, Not, Entscheidung, Wendepunkt.[83]

„In seinem ursprünglichen sanskritischen Sinn (kir oder kri) besagt das Wort Krise allerdings säubern, läutern, reinigen."[84]

Wir stellen uns das Gericht so vor, das in dem Moment des Todes mit einem geradezu überirdisch klaren Blick erkannt wird, welche Möglichkeiten in diesem Leben gewesen wären, aber nicht ergriffen worden sind, oder welcher Schuld der Mensch sich beladen hat.

Diese schmerzhafte Erkenntnis verstehen wir als das Fegefeuer. Es folgt sozusagen ein „feuriger" Reinigungs- oder Läuterungsprozess, der den verstorbenen Menschen von dieser Schuld zu befreien vermag, wenn er sich dafür entscheidet und den Weg in eine himmlische Vollendung weist.

In der Bibel wird nicht formell vom Fegefeuer gesprochen, allerdings gibt es Textstellen die die Aussage des Fegefeuers symbolhaft wiedergeben.

Im Text 1 Kor 3,11-15 geht es darum, dass auch weniger eifrige Gläubige gerettet werden können, wenn sie sich einer Prüfung stellen. Ihr Bau soll einer Feuerprobe unterzogen werden.

Wessen Werk das Feuer aushält, wird gerettet werden.[85]

Der Text lautet: „Denn einen andern Grund kann niemand legen als den, der gelegt ist; das ist Jesus Christus. Ob aber jemand auf diesen Grund baut Gold, Silber, kostbare Steine, Holz, Heu oder Stroh – das Werk eines jeden wird offenbar werden. Der Tag des Gerichts wird es erweisen; denn mit Feuer wird er sich offenbaren. Und von welcher Art das Werk eines jeden ist, wird das Feuer erproben. Wird jemandes Werk bleiben, das er darauf gebaut hat, so wird er Lohn empfangen. Wird aber jemandes Werk verbrennen, so wird er Schaden leiden; er selbst aber wird gerettet werden, doch so wie durchs Feuer hindurch."[86] Hier wird noch mal deutlich, dass das Fegefeuer als ein innerer Prozess des Menschen auf dem Weg in die Nähe Gottes zu begreifen ist.

Zusammenfassend sagt Greshake über die letzten Dinge: „Gott selbst, die personale Begegnung mit ihm, die Gemeinschaft mit ihm in Jesus Christus *ist* der Himmel, das Verfehlen all dessen *ist* die Hölle; die Begegnung mit dem richtenden und reinigenden Gott *ist* das, worauf das Bild vom Fegfeuer abzielt."[87]

---

[83] www.come.to/Krise
[84] Siehe Boff, L., Was kommt Nachher?, Das Leben nach dem Tode, München 1992, S. 53
[85] Vgl. 1. Kor 3, 11-15
[86] Siehe 1. Kor 3, 11-15
[87] Siehe Greshake, G., Stärker als der Tod, Mainz 1988, S. 76

Nachdem wir die Grundaussagen der letzten Dinge geklärt haben, möchten wir uns im Folgenden der „Auferstehung", insbesondere des körperlichen Zustandes, aus der Perspektive von Jesus und Paulus und des „Himmels" aus der Perspektive der Johannesoffenbarung widmen, um dort nach Parallelen zu unserem wissenschaftlichen Teil über das Leben nach dem Tod zu suchen.

3.5 Jesus und die Auferstehung

Die Auferstehung Jesu ist sehr bedeutsam für unsere Erwartung und Hoffnung eines Lebens über den Tod hinaus.

Der Ursprung des Osterglaubens ist darauf zurückzuführen, ... „daß die Jünger den Gekreuzigten „gesehen" haben."[88]

So heißt es im 1 Kor 15, 3-7: „Denn als erstes habe ich euch weitergegeben, was ich selbst empfangen habe: Daß Christus gestorben ist für unsere Sünden nach der Schrift; und daß er begraben worden ist; und daß er auferstanden ist am dritten Tage nach der Schrift; und dass er erschienen ist dem Kephas, danach den Zwölfen."[89]

Die Auferstehung Jesu Christi schließt die allgemeine Totenerweckung mit ein und wird damit ... „als Vorrealisierung, Basis und Ermöglichung der Auferstehung der Christen bekannt."[90]

Jetzt wollen wir darstellen, welche Position Jesus selbst zur Auferstehung der Toten einnimmt.

Im Judentum zur Zeit Jesu gehen die Meinungen über das Leben des Menschen nach dem Tode, wie wir es unter 3.1. Bilder der Hoffnung - bereits erwähnt haben, noch weit auseinander.[91]

„Das NT hebt besonders die unterschiedlichen Positionen der Pharisäer und Sadduzäer", einer religiösen und politisch interessierten Gruppe innerhalb des Judentums „hervor. Erstere erscheinen als Verfechter, letztere als Gegner der Auferstehungshoffnung."[92]

Jesus äußert sich in verschiedenen Streitgesprächen mit Schriftgelehrten über die Auferstehung. In Markus 12, 18-27 wird ein solches Gespräch geschildert, indem die Sadduzäer, Jesus die Frage nach der Existenz der Ehe in der Auferstehung stellten, indem sie den Fall einer Frau schilderten, die als Witwe die sechs übrigen Brüder ihres Mannes heiraten musste.

---

[88] Siehe März, C.-P., Hoffnung auf Leben, Stuttgart 1995, S.68
[89] Siehe 1 Kor 15, 3-7
[90] Siehe März, C.-P., Hoffnung auf Leben, Stuttgart 1995, S.74
[91] Vgl. März, C.-P., Hoffnung auf Leben, Stuttgart 1995, S. 61
[92] Siehe März, C.-P., Hoffnung auf Leben, Stuttgart 1995, S. 61

Jesus gab zur Antwort, dass es in der Auferstehung keine Ehe gäbe und die Menschen den Engeln gleich wären.[93]

Diese Existenzform geht nicht von einem physischen Leib, sondern von einem stofflichen Körper aus.

Bei dieser Aussage Jesu wird klar, dass die Menschen bei der Auferstehung nicht über einen leiblichen Körper verfügen werden, sondern verwandelt werden. Da somit die Umstände, unter denen ein Mensch – wenn in solch einem Zustand von einem Menschen noch die Rede sein kann – existiert, ganz andere sind, als auf der Erde, wird ein Fortbestehen der Ehe damit hinfällig. Allein schon der körperliche Aspekt wie z.B. die Sexualität oder die Fortpflanzung und die damit verbundene Gründung von Familien ist dann nicht mehr gegeben.

Bernhard Lang und Colleen McDannell führen in ihrem Buch „Der Himmel" diese Bedeutungslosigkeit der Ehe und den familiären Beziehungen für Jesus nicht auf eine Verneinung der Geschlechtlichkeit des Menschen zurück.

Jesu Sicht eines Himmels, in dem Gott im Zentrum steht, also eines Theozentrischen Himmels, ist aus seiner Perspektive, dass Gott vor der Familie und den alltäglichen Verpflichtungen oberste Priorität eingeräumt werden muss, zu verstehen.[94]

Die Toten kommen entgegen der alttestamentlichen Sicht, nach ihrem Sterben, nicht in die Scheol, dem Totenreich, sondern befinden sich bei Gott.

Da Gott für Jesus „nicht ein Gott der Toten, sondern ein Gott der Lebenden"[95] ist, gleichzeitig aber der Gott der Erzväter Abrahams, Isaaks und Jakobs ist, können diese drei Personen nicht tot sein, sondern müssen auferstanden sein. Es war damals in jüdischen Kreisen durchaus üblich, an den Tod der Erzväter zu glauben, aber nicht an ihre Auferstehung.[96]

Die Auferstehung gilt folglich also auch für alle, die an Gott glauben.

Die Existenz ist nicht mehr durch bisherige soziale Beziehungen wie die Ehe oder den Verwandten geprägt, sondern durch religiöse Beziehungen. Gott, und auch der Erzvater Abraham, stehen im Mittelpunkt des Geschehens. Auf diese Personen konzentriert sich das himmlische Leben.

---

[93] Vgl. Mk 12,25ff
[94] Vgl. Lang, B./ McDannell, C., Der Himmel, Frankfurt/ Main 1996, S. 55
[95] Vgl. Mk 12,27
[96] Vgl. Lang, B./ McDannell, C., Der Himmel, Frankfurt/ Main 1996, S. 48f.

3.6. Paulus und die Auferstehung

„Paulus ist der älteste für uns greifbare Theologe neutestamentlicher Schriften. Dies gilt, obwohl er als Mann der zweiten Generation den irdischen Jesus nicht mehr gekannt hat und zu einer bereits bestehenden oder sich formierenden christlichen Gemeinde gestoßen ist."[98]

Bei der Paulinischen Auffassung bleiben wesentliche Elemente, die schon bei Jesus auftraten erhalten. So bleibt die Verwandlung des Körpers bei der Auferstehung. Paulus nennt das Ergebnis dieser Verwandlung den „geistlichen Leib" oder den „Leib der Auferstehung". Dieser Leib gleicht nicht mehr dem irdischen Leib und ist somit auch nicht materiell. Er wird keine Nachkommenschaft zeugen, „noch genießt er jene Annehmlichkeiten des irdischen Lebens."[99]

Für Paulus sollte sich die Ankunft des Messias in der Wiederkunft Christi vollziehen, bei der nicht die gerechten Juden, sondern die Christen, die an diese Wiederkunft glaubten und an diesem Tag noch lebten, in den Himmel aufgenommen werden sollten.

Bei dieser Aufnahme, die „plötzlich, in einem Augenblick" geschehen soll, verwandelt sich der Körper in den geistigen Leib, der aus dieser Welt nichts mehr in den Himmel mitnehmen sollte. Nachdem Christus auf der Erde das Gericht über die Christen durchgeführt hat, wird er die Herrschaft an den Vater abgeben und die Christen werden bei Gott in seiner Gegenwart bleiben.

---

[97] *www.scheffel-gymnasium.de/ .../kirchenj/kirchenj.htm => Höhle von Jesus Auferstehung*
[98] Siehe März, C.-P., Hoffnung auf Leben, Stuttgart 1995, S. 75
[99] Vgl. Lang, B./ McDannell, C., Der Himmel, Frankfurt/ Main 1996, S. 58

Der physische Leib ist für Paulus nur mehr eine „Übergangslösung".

Er steht im Konflikt mit dem göttlichen Geist, der im Gläubigen Raum genommen hat, da beide gegeneinander streiten. So versucht der Geist den physischen Körper immer mehr zu verändern und die „fleischlichen Triebe", so wie Paulus sie interpretiert, abzutöten und sie den himmlischen Zielen zu unterstellen, während „das Fleisch" das Gegenteil bewirken will und sich gegen diese Unterordnung wehrt.[100]

Vorlesen: Galater 5, 16-26 „Das Leben im Geist" (S. 201 Nt)

Betrachtet man die Aussagen, die Paulus über den geistlichen Leib macht, so sieht man, dass Paulus Jesus in seinen Anschauungen nicht widerspricht, sondern diese ergänzt und verfeinert. Für beide war der Himmel ein Ort, der nicht den Gesetzen dieser Welt untergeordnet ist, sondern eine eigenen Ordnung hatte. Gott stand im Mittelpunkt dieser Ordnung und auf Gott selbst richtete sich die gesamte Konzentration.

3.7. Die Offenbarung und der Himmel

In der Offenbarung des Johannes finden wir eine sehr detaillierte Vision des Himmels, die, genau wie bei Jesus und Paulus, ebenfalls von einer Theozentrischen Ordnung ausgeht. Es ist für die Offenbarung bezeichnend, dass der Verfasser eine Fülle von Bildern benutzte, um seine Visionen zu beschreiben. Im vierten Kapitel der Offenbarung ist vom Thron Gottes die Rede. Es heißt: „Und siehe, ein Thron stand im Himmel; darauf saß jemand. Und der dort saß, war anzusehen wie die Edelsteine Jaspis und Sarder... ."[101]

Von den vier Gestalten um den Thron heißt es: „Die erste Gestalt glich einem Löwen, und die zweite Gestalt glich einem Stier, und die dritte sah aus wie ein Mensch, und die vierte Gestalt glich einem fliegenden Adler. Jede der vier Gestalten hatte sechs Flügel, die waren außen und innen voller Augen, ..."[102]

---

[100] Vgl. Gal 5,16ff
[101] Vgl. Offb 4,3
[102] Vgl. Offb 4,7-8

Es ist klar, dass diese Bilder nur Vergleiche sind, um die Erlebnisse des Visionärs einigermaßen zu schildern und in Worte zu fassen. Würden sie wörtlich genommen, würde die Vision ihren mystischen Charakter verlieren und die Objekte der Beschreibung, hier der Thron Gottes und die vier Gestalten, würden ihre Aussagekraft und ihre Bedeutung verlieren.

Weitere Aspekte kommen hinzu. Es steht geschrieben, dass sich um den Thron vierundzwanzig Älteste versammelten, bekrönt und in weißen Gewändern, die dem Wesen auf dem Thron „Preis, Ehre und Dank gaben."[103]

Auch hier schlägt sich die Theozentrische Ordnung des Himmels nieder, nur dass im Gegensatz zu Jesu` Aussagen die Feier, die Liturgie und die Anbetung Gottes hinzukommen.

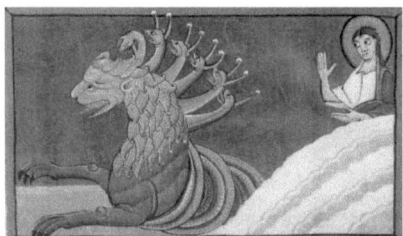
[104]

4. Vergleich zwischen Todesnähe-Erfahrungen und dem biblischen Aussagen

In unserem Referat haben wir uns einerseits die Todesnähe Erfahrungen, und andererseits die neutestnamentlichen Aussagen zu der Auferstehung und zu dem Himmelreich näher betrachtet. Es stellt sich hierbei nun die Frage, in welchen Zusammenhang die Nahtod-Erlebnisse zu den Aussagen des neuen Testaments stehen. Bestätigen die Sterbeerlebnisse der Betroffenen die neutestnamentlichen Aussagen in ihren Einzelheiten? Ist ein Vergleich zwischen den beiden Bereichen überhaupt möglich und gerechtfertig?

Vergleichen wir die Aussagen von Jesus und Paulus, mit den Erlebnissen der Menschen, die „gestorben" waren, so stellen wir fest, dass der „geistige Leib" bestätigt wird. Die Nahtod-Patienten berichten von ihrem Erlebnis, als sie auf ihr Krankenbett schauten. Sie befanden sich in dieser Situation in einem nichtstofflichem Körper, in einem „geistigen Leib". [105]

---

[103] Vgl. Offb 4,4-11
[104] www.uni-potsdam.de/u/ putz/apr98/21.htm => Johannes und die Offenbarung
[105] Vgl. Moody, R.A., Leben nach dem Tod, Hamburg 2003, S. 58

Im neuen Testament ist von Gott geschrieben, der liebevoll und fürsorglich zu den Menschen ist. Nahtod- Patienten begegnen in ihren Sterbeerlebnissen oftmals einem Wesen, das ihnen durch ein Licht liebe und wärme entgegenbringt. Viele Patienten, die in ihrem Nahtod-Erlebnisse einen christlichen Hintergrund sehen, verwenden für dieses Lichtwesen den Begriff Gott.[106]

Tatsächlich gibt es viele Nahtod-Patienten die sich bei der Begegnung mit dem Lichtwesen so wohl und geliebt gefühlt haben, dass sie nicht mehr in ihr Leben zurückkehren wollten, und die Umkehr nur stattfand, weil etwas verpflichtendes vorlag.[107] In den Nahtod-Erlebnissen wird immer wieder davon berichtet, dass die „Gestorbenen" von dem Lichtwesen den Auftrag bekommen haben, nach ihrer Rückkehr die Menschen zu lieben und diese lieben zu lernen, denn die Liebe zu praktizieren wäre der primäre Bestandteil des Seins. Auch bei Jesus tritt die Wichtigkeit der Liebe im Doppelgebot (Mt 22,37-39) hervor, wobei hier jedoch auch der Schwerpunkt auf die Liebe zu Gott gelegt wird.

Das neue Testament geht davon aus, dass sich der Mensch nach seinem Tode bei Gott befindet. „Jesus ist nicht ins Nichts hinein gestorben. Er ist im Tod und aus dem Tod in *jene unfassbare und umfassende allerletzte und allererste Wirklichkeit hineingestorben*, von ihr *aufgenommen* worden, die wir mit dem Namen Gott bezeichnen. Wo der Mensch sein Eschaton, das Allerletzte seines Lebens erreicht, was erwartet ihn da? Nicht das Nichts, das würden auch Nirwanagläubige sagen. Sondern jenes Alles, das für Juden, Christen und Muslime der eine wahre Gott ist. Tod ist Durchgang zu Gott, ist Heimkehr in Gottes Verborgenheit, ist Aufnahme in seine Herrlichkeit."[108] Bezeichnet man hierbei das Lichtwesen, dass den Nahtodpatienten empfängt, als Gott, so wird die Aussage des neuen Testaments durch die Erlebnisse bestätigt.

Auch die Aussagen des neuen Testaments zum Gericht, dass jeder Mensch nach seinem Tode erfahren wird, wird durch die Rückschauerlebnisse von Nahtod-Patienten bestätigt. Diese Rückschau wird jedoch nicht durch das Lichtwesen ausgelöst, sondern findet im eigenen Inneren statt.[109]

---

[106] Vgl. Michel, P./Wagner A., Das Leben nach dem Tod, Wien 2000, S. 116
[107] Vgl. Moody, R.A., Leben nach dem Tod, Hamburg 2003, S.93
[108] Siehe Küng, H., Ewiges Leben?, München 2002, S. 148
[109] Vgl. Moody, R.A., Nachgedanken über das Leben nach dem Tod, Hamburg 1978, S. 50 ff

Kommen wir zu den Bildern der Hölle, die das neue Testament als Ort der vorläufigen Strafe für die Bösen und nach dem Gericht als ein Ort der qualvollen Verdammnis beschreibt, so stellt sich die Frage, ob diese Aussagen auf die bisherigen Sterbeerlebnisse zutreffen.[110] Moody schreibt dazu, dass in seinen Berichten bisher noch kein Nahtod-Patient von einer Hölle nach den gängigen Vorstellungen berichtet haben.

Moody selbst schließt in seinem eigenen Glauben die Existenz einer Hölle nicht aus, kann jedoch keine wissenschaftlichen Bestätigung zu diesen Aussagen machen.[111]

Insgesamt ist jedoch festzustellen, dass die wissenschaftlichen Ergebnisse in der Todesnähe-Forschung nicht als Bestätigung für einzelne Aussagen des neuen Testaments verwendet werden können, weil die Erlebnisse teilweise von den Berichten abweichen, und weil die Erlebnisse der Nahtod-Patienten ansonsten auch schnell „missbraucht" werden könnten, um eine Glaubensideologie, bzw. eine Dogmatik zu verfestigen. Andererseits könnte man auch sagen, dass die Nahtod-Erlebnisse eine Vorschau auf das sein könnten, was uns nach dem Tod erwartet. Bisher ist es zwar noch nicht gelungen, die Existenz des ewigen Lebens deduktiv zu beweisen, jedoch ist ein induktives Bewahrheiten möglich. Dies geschieht durch die „erfahrungsbezogene Erkenntnis des ewigen Lebens", wobei das Wort „Erfahrung" die geistige (innerliche, emotionale, zwischenmenschliche, intellektuelle) Dimension menschlicher Wirklichkeit meint.[112]

Küng bringt hierbei in die Diskussion, ob das ewige Leben nicht bloße Projektion sei, die auf das Abhängigkeitsgefühl der Menschen beruht, das Argument, dass gerade dieses Abhängigkeitsgefühl „ein sehr reales Ziel haben kann". Dies bedeutet, dass der Glaube an ein Leben nach dem Tod nicht nur eine reine Wunschvorstellung sein muss, sondern auch eine Äußerung einer Wirklichkeit, deren Nicht-Existenz sich nicht beweisen lässt.

Es gibt jedoch keine endgültige Antwort. Man sollte die Berichte der Sterbeforschung einerseits ernst nehmen, darf jedoch die „beschränkte" Aussagekraft nicht vergessen, da es sich bei den Berichterstattern nicht um „echte" Tote handelt. Vorsichtig sollte man auch damit sein, die Berichte als Beweise für die biblischen Aussagen über ein Leben nach dem Tod zu verwenden, auch wenn es teilweise erstaunliche Parallelen gibt.

---

[110] Vgl. Küng, H., Ewiges leben? München 2002, S. 172
[111] Vgl. Moody, R.A., Nachgedanken über das Leben nach dem Tod, Hamburg 1978, S. 55 f
[112] Vgl. Küng, H., Ewiges Leben?, München 2003, S.102 f

Demzufolge sollten die Nahtod-Erlebnisse auch nicht dazu verwendet werden, die Vorstellungen über ein Leben nach dem Tod mit Bildern auszuschmücken, die dem vielleicht nicht entsprechen würden. Theologen geben beispielsweise dem Himmel mehr eine symbolische Bedeutung, die auf eine reine Wörtlichkeit verzichtet.

Damit soll verhindert werden, dass die Bedeutung biblischer Inhalte nur rein oberflächlich betrachtet werden. Jedoch lässt sich auch eine Existenz nach dem Tode nicht verneinen, da sich das Gegenteil nicht beweisen lässt.[113]

5. Konsequenzen aus dem Vergleich

Die Konsequenzen, die sich aus dem Vergleich entwickeln, sind unterschiedlich. Zunächst kommt man dazu, dass man die Stellung der Bibel und ihre Aussagekraft hinterfragt. Ist sie endgültiges Gottes Wort? Ist sie eine Ansammlung von überlieferten Glaubenszeugnissen der damaligen Welt, die viele existentielle Fragen aufgreift und Denkanstöße vermitteln will?

Da der Vergleich an einigen Stellen schwankt, wird klar, dass die Bibel in ihrer Wörtlichkeit nicht als endgültig betrachtet werden kann und die Erkenntnisse der Wissenschaft sich von ihren Aussagen unterscheiden. Das führt dazu, dass man auch gewisse Aussagen, wie z.B. über die Hölle neu hinterfragen muss und in Zusammenhang mit der Wissenschaft stellen muss. Warum taucht z.B. in den Sterbeberichten keine Beschreibung einer Hölle auf? Gibt es sie zuletzt überhaupt nicht?

Eine weitere Konsequenz ist der Umgang mit der Bibel. Auch wenn ihre Stellung nicht hinterfragt wird, wird sie doch als Glaubenszeugnis betrachtet, das man nicht in allen Fällen wörtlich nehmen kann, sondern auch ihre Symbolkraft und die eigentliche Aussage entdecken muss. Daraus entwickelt sich ein hoffnungsvolles Warten auf das, was nach dem Tod kommt, anstatt der Ausschmückungen und Träumereien, wie dieses Leben aussehen könnte, wobei auch viele Sehnsüchte und Wünsche hineinprojiziert werden. Somit nimmt man der Frage über das Leben nach dem Tod nicht ihre „unaussprechliche" Aussage.

Eine dritte Konsequenz ist, dass man sich auf Grund der wissenschaftlichen Erkenntnisse ernsthafter mit dieser Frage beschäftigt.

Es entwickelt sich ein ernsthaftes Nachdenken darüber, statt einer Spekulation, die aus „dem Glauben heraus" überzeugt sein, dass es so etwas geben muss,

---

[113] Vgl. Küng, H., Ewiges Leben?, München 2003, S. 39 ff

geschieht. Man kann sich dabei auch an Hand der Sterbeberichte orientieren und hat ein festeres Fundament.

6. Praxisbezug für die Sozialarbeit

Der Tod wird in der heutigen Gesellschaft, im Gegensatz zu früheren Zeiten, aus dem Alltag ausgegrenzt.

Da wir uns nicht ständig mit dem Thema „Tod" auseinandersetzen müssen, sondern nur beim „aktuellen Anlass" kurz mit ihm konfrontiert werden, ist das „Fertigwerden damit" nicht so einfach.

Deshalb möchten wir euch einige Anregungen geben, um Kinder/ Jugendliche und Erwachsene besser zu verstehen und auffangen zu können.

6.1. Kinder und Jugendliche

Kinder stellen oft ganz ungehemmt Fragen und wir wissen nicht wie wir darauf reagieren sollen oder uns fallen keine passenden Antworten ein.

Fragen z.B.:
- *Weshalb stirbt man?*
- *Wie ist das, wenn man Tod ist?*
- *Wo sind die Toten eigentlich?*
- *Wie atmet man denn in dem Sarg?*
- *Wieso sagst du Opa ist im Himmel, er ist doch unter der Erde!*

Kinder und Jugendliche müssen ernst genommen werden und brauchen persönliche und keine perfekten Antworten.

Allerdings sollten die Antworten, die man einem Kind im Gespräch über den Tod gibt, dem Alter und Kenntnisstand angemessen sein.

Dazu einige Hinweise zum Verständnis des Todes aus entwicklungspsychologischer Sicht:

Kinder haben in ihren jeweiligen Entwicklungsphasen ein anderes Verständnis und Bewusstsein über den Tod.

Deshalb ermöglicht uns dieses Wissen, den Kindern neben der religiösen Bedeutung ein sachgerechtes, naturwissenschaftliches Verständnis über den Tod zu vermitteln.

Erste Phase 1. - 6. Lebensjahr:

Kleine Kinder unter 5 Jahren akzeptieren den Tod nicht als Ende

In den ersten sechs Lebensjahren erscheint dem Kind der Tod grundsätzlich als vorübergehender Zustand des Schlafens oder Verreisens.

Das Kind bezieht den Tod nicht auf sein eigenes Leben. Es registriert zwar die Möglichkeit, dass Andere sterben müssen, bezieht dieses Ereignis aber nicht auf sich selbst.

Ab dem 5. Lebensjahr werden die Vorstellungen vom Tod konkreter und sachlicher. Sie sind daher von den Begleiterscheinungen des Todes beeindruckt z.B. Trauer der Angehörigen, schwarze Kleidung und Rituale des Beerdigungsgottesdienstes.

Mit sechs Jahren kann das Kind hohes Alter, möglicherweise Krankheit, aber auch getötet werden mit dem Tod in Verbindung bringen.

Zweite Phase 6. – 10. Lebensjahr

Der Tod wird jetzt in der Regel als endgültig erfasst

Die Kinder lernen allmählich, die Endgültigkeit des Todes für jemanden, der gestorben ist, zu akzeptieren. Es fällt ihnen aber immer noch schwer, zu glauben, das sie auch sterben werden.

Eine große Rolle spielen in diesem Alter die Personifikation des Todes: Schwarzer Mann, Schwarzer Engel, Teufel, Geist und Sensemann. Ebenso können dies religiöse Elemente und Symbole sein, wie z.B. Kreuz, Lebenslicht, Totenkopf usw. .

Dritte Phase 9. - 14. Lebensjahr

Der Tod ist nicht nur endgültig, sondern ein inneres Erlöschen der Körperkräfte und Körperfunktionen.

Ungefähr mit neun oder zehn Jahren erkennen Kinder die Tatsache, dass der Tod allumfassend und unausweichlich ist und dass auch sie eines Tages sterben werden. Kinder in diesem Alter begreifen, dass der Tod ein Teil des Lebens ist.

Kinder fürchten den Tod weniger für sich selbst; sie fürchten vielmehr, dass ihre Eltern oder solche, die sie lieben und die für sie sorgen, sterben könnten und sie alleine zurücklassen.

Zwischen dem 11. und 14. Lebensjahr erfolgt eine immer deutlichere Angleichung der Todesvorstellung an die Erwachsenen.
Dieser Reifungsprozess ist von interessanten Phänomenen begleitet. So stellt man z.B. fest, dass Kinder in dieser Phase meinen, der Tote ziehe als geisterhafte Erscheinung die Lebenden nach sich und er könne ihnen Schaden zufügen. Das verstärkt natürlich die Angst vor dem Tod.
Dabei spielen sicher die Aussagen der Erwachsenen eine große Rolle, wie z.B. der Verstorbene ist immer bei einem, er beschützt dich.
Ein Mädchen in meiner Gruppe, deren Mutter früh verstorben ist, glaubt z.B. , dass ihre Mutter als Zombie auf den Gräbern rumgeistert.
In diesem Alter beschäftigt sie das Wie und Was nach dem Tod. Sie machen sich Gedanken über den Zustand des Todes, über Himmel und Hölle.
Jugendliche verhalten sich je nach Lebenssituation ganz unterschiedlich dem Tod gegenüber. Einige sprechen sachlich darüber und fühlen sich selbst nicht vom Tod bedroht. Andere äußern sich mit Zynismus, der die Angst davor verbergen soll. Einige Jugendliche entwickeln aus einer Weltschmerzstimmung Todessehnsucht, die in der Regel rasch überwunden ist, aber auch ernste Folgen haben kann, bis hin zum Suizid.[114]

6.2. Erwachsene

Erwachsene die Todes-Erfahrungen, durch ein Nah-Toderlebnis oder den Verlust eines nahstehenden Menschen gemacht haben, müssen den Umgang mit Tod und Sterben oftmals erst verarbeiten. Häufig gerät der Mensch in dieser Situation in eine Krise, die weitere Auswirkungen, wie soziale Isolation, psychische Probleme und Drogenkonsum auslösen können.
Krise vom Griechischen abgleitet (wie wir bereist von Bettina gehört hatten) bedeutet „Unsicherheit, bedenkliche Lage, Not, Entscheidung, Wendepunkt."
Die Krise im Chinesischen bedeutet „Gefahr und Chance".
Eine Krise entsteht durch ambivalente und unkontrollierbare Gefühle, die überwältigend, lähmend oder zerstörend auf die Person wirken. Die eigenen Gedankengänge werden dadurch diffus. Häufig wird die Krise auch durch eine Veränderung im bisherigen Lebensmuster ausgelöst.
Genau gesagt, kommt eine Krise dann zum Ausdruck, wenn ein für die Person belastendes Ungleichgewicht zwischen der subjektiven Bedeutung des

---

[114] Vgl. Schlicht, H.-J., Sterben und Tod im Leben der Menschen, Arbeitshilfen Heft 6, Oberursel 1999, S. 76f

Problems und den Bewältigungsmöglichkeiten, die ihm zur Verfügung stehen, entstanden ist.

Die Identität und Kompetenz das Leben selbstständig gestalten zu können, sind bedroht. Der Mensch der ganz und gar von einer Krise ergriffen ist, weiß keine Auswege mehr, und ist in seiner Problemlösung stark eingeschränkt.
Für Menschen die mit Personen in einer Krisensituation arbeiten, und auch für Angehörige von Betroffenen, ist hierbei die richtige Krisenintervention gefragt.

Wichtig ist in Krisensituationen, die **Rolle des Begleiters** einzunehmen. Das bedeutet...

- Sich um den Anderen zu sorgen
- Ein guter Zuhörer zu sein
- Den Betroffenen dort abholen wo er sich gerade befindet- subjektive Belastung immer wieder neu einschätzen
- Sich in die Situation einzufühlen und die eigenen Gefühle mitzuteilen
- Ängste erkennen und auch zugestehen
- Verständnis mitzuteilen
- Helfen, dass die Emotionen und Gedanken von Betroffenen und Angehörigen ausgesprochen werden dürfen
- Keine Ratschläge geben
- Kein schnelles Lösen des Problems fordern
- Keine Lösung vorgeben
- Keine wertende Beurteilung über den Schweregrads des Ereignisses (Kein Herabwerten)
- Das gemeinsame Finden von Alternativen und das Entscheiden erleichtern[115]

Die Ziele sollten hierbei sein...
- ❖ Die Stabilisierung der gefährdeten Bereiche durch Entlastung
- ❖ Ressourcenermittlung
- ❖ Die Hinführung zu einer realistischen Selbst -Fremd- und Situationswahrnehmung
- ❖ Der Einbezug des sozialen Netzwerkes

---
[115] Vgl. www.come.to/Trauer und www.come.to/Krise

❖ Bei der Entwicklung von neuen Lebenseinstellungen, Verhaltensweisen und Bewältigungsformen zu helfen[116]

7. Abschlussgedanken:

In unserem Referat haben wir untersucht, welche Vorstellungen sich die Menschen im neuen Testament über ein Leben nach dem Tod machen, und was die Wissenschaft für Ergebnisse zu diesem Thema vorweisen kann.

Wir haben uns aber auch die Frage gestellt, ob man die Sterbeberichte von Nahtod-Patienten als Beweise für die neutestnamentlichen Aussagen nehmen kann, oder ob man beides für sich betrachten muss. Unsere Schlussfolgerung aus diesem Referat ist jedoch, dass die Erlebnisse von Nahtod-Patienten nicht als Beweise für die biblischen Aussagen genommen werden können. Vielmehr findet man erstaunliche Parallelen zwischen den frühzeitlichen Gedanken über ein Leben nach dem Tode, und den neueren wissenschaftlichen Erkenntnissen aus diesem Bereich. Wir möchten dieses Referat daher vor allem auch als Anlass nehmen, Euch zu bestärken die Eschatologie, als aus der Gegenwart in Funktion der Zukunft sprechend, in das eigene Leben zu integrieren und nicht auszuschließen. Hierzu haben wir Abschließend noch eine kleine Geschichte für Euch vorbereitet.

Das andere Land

Es lebte einmal am Ufer eines großen Wassers ein Fischer. Seine Frau war lange tot und seine Kinder waren in die Welt gezogen, um ihr Glück zu suchen. Wenn der Fischer am Ufer saß und über das weite Wasser blickte, sagte er oft zu sich: „Alle, die ich lieb hatte, sind nicht mehr bei mir. Was soll ich noch hier? Ich habe große Lust in ein anderes Land zu gehen. In das land auf der anderen Seite des Wassers. Wenn ich nur wüsste, wie es dort ist."

Und der Fischer fragte die Wellen: „Sagt mir, ihr Wellen, wie ist es auf der anderen Seite des Wassers?" Die Wellen gurgelten: „Warte eine Weile, dann weißt du es."

Da fragte der Fischer den Wind: „Wind, kannst du mir sagen, wie es auf der anderen Seite des Wassers ist und wie ich hinüberkomme? „Der Wind blies seine Backen auf und brauste: „Warte eine Weile, dann weißt du es."

---

[116] Vgl. www.come.to/Trauer und www.come.to/Krise

Eines Tages kam der Tod über das Wasser und der Fischer fürchtete sich sehr vor dem Tod. Doch der Fischer fragte auch ihn nach dem Land auf der anderen Seite. Der Tod antwortete: „Ich werde dir das land zeigen, wenn Deine Stunde gekommen ist. Bis dahin musst du noch vieles tun."
„Gut", sagte der Fischer. „Wenn das so ist, will ich warten." Er fing Fische, verkaufte sie und scherzte mit den Menschen auf dem Markt. Nach der Arbeit setzte er sich ans Wasser, träumte von der anderen Seite und seine Träume flogen wie Vögel hinüber. Und das Land jenseits des Wassers wurde ihm mehr und mehr vertraut. Die Zeit strich dahin. Als der Tod kam, um ihn über das Wasser zu bringen, ging der Fischer furchtlos mit. Auf der anderen Seite des Wassers warteten schon seine Träume und empfingen ihn wie gute Freunde.[117]

Literaturverzeichnis:

Boff, L.	Was kommt Nachher?, Das Leben nach dem Tode, München 1992, Originalausgabe, Serie Piper
Gläser, Albrecht, Prof. Dr.:	Grenzen zwischen Leben und Tod, Probleme in der Intensivmedizin, 1998, In Sitzungsberichte der Sächsischen Akademie der Wissenschaften zu Leipzig, Mathematisch – naturwissenschaftliche Klasse; Band 126, Heft 6,1998 Stuttgart/Leipzig, S. Hirzel Verlag
Greshake, Gisbert:	Tod- und dann? Ende- Reinkarnations- Auferstehung, Der Streit der Hoffnungen, Originalausgabe, Freiburg im Breisgau 1988, Herder Verlag
Greshake, Gisbert:	Stärker als der Tod, 1. Auflage, Mainz 1988, Matthias- Grünewald-Verlag
Hoff, Johannes / in der Schmitten, Jürgen (Hg.):	Wann ist der Mensch tot? Organverpflanzung und <<Hirntod>>-

---

[117] Siehe Itze,U., Plieth, M.: Tod und Leben, Donauwörth 2002, S. 56

	Kriterium, 1.Auflage, Hamburg 1994, rororo Verlag
Högl, Stefan:	Die religiöse Dimension der Nah-Todeserfahrungen, Magisterarbeit in der Philosophischen Fakultät I der Universität Regensburg 1996, Druckversion: http://memopolis.uni-regensburg.de/lektuere/texte/hoegl/german/magister.html
Itze, Ulrike /Plieth, Martina:	Tod und Leben-Mit Kindern in der Grundschule Hoffnung gestalten, 1. Auflage 2002, Donauwörth, Auer Verlag
Küng, Hans:	Ewiges Leben?, 8. Auflage, München 2002, Piper Verlag
Lutherbibel	Die Bibel oder Die Ganze Heilige Schrift Des Alten und Neuen Testaments nach der Übersetzung Martin Luthers, Deutsche Bibelstiftung, Stuttgart 1978
Lang, B./ Mc Dannell, C.	Der Himmel, Eine Kulturgeschichte des ewigen Lebens,1. Auflage, Frankfurt/ Main 1990
März, C.-P.:	Hoffnung auf Leben, Die biblische Botschaft von der Auferstehung, Originalausgabe, Stuttgart 1995, Kath. Bibelwerk GmbH
Michel, P./Wagner A.:	Das Leben nach dem Tod. Geheime Welten. 1. Auflage, Wien 2000, Tosa Verlag
Moody Raymond A., Dr. Med.:	Leben nach dem Tod. Die Erforschung einer unerklärlichen Erfahrung, 3.Auflage 2003, Reinbek bei Hamburg, rororo Verlag
Moody, Raymond A., Dr. Med.:	Nachgedanken über das Leben nach dem Tod, 2. Auflage, Reinbek in Hamburg 1978, Rowohlt Verlag
Schlicht, H.-J	Sterben und Tod im Leben der Menschen, Arbeitshilfen für Eltern, ErzieherInnen und Kinder, Heft 6, Originalausgabe, Oberursel 1999
Vorgrimler, H.	Der Tod im Denken und Leben des Christen, 2., unveränderte Auflage, Düsseldorf 1982, Patmos Verlag

Abbildungsverzeichnis:

http://memopolis.uni-regensburg.de/lektuere/texte/hoegl/nahtod.html, Gemälde, gemalt von einer Frau mit Nahtod-Erfahrung.
www.uni-muenster.de/.../Todesbilder/ Medizin.html => Gehirn im Hirntod Stadium.
www.uni-leipzig.de/.../ lichtwesen_vor_pult__junge_9j.jpg => Lichtbild vor dem Pult
www.liechtoase.ch/kontakt/ liechtbilder.htm => Lichtbild
http://www.nahtod.de/ 44.1 Kupferstich von Gustav Doré, der die heimkehrende Seele darstellen soll - eine Illustration der Visionen von Dante. 4.2. Tunnel
Siehe http://memopolis.uni-regensburg.de/lektuere/texte/hoegl/nahtod.html => Bild von Hieronymus Bosch, der den Einzug der Seele ins Reich Gottes darstellen wollte.
www.endeavoracademy.de/ leseraum.htm => Himmelsbild
www.uni-potsdam.de/u/ putz/apr98/21.htm => Johannes und die Offenbarung
www.scheffel-gymnasium.de/ .../kirchenj/kirchenj.htm => Höhle von Jesus Auferstehung

Internetverzeichnis:

www.sungaya.de/schwarz/christen/eschatologie.htm
www.cardiologe.de/patient/krankheiten/herzerkrankungen/ploetzlichr_herztod.html
www.hessenweb-kreation.de/medwort/index-lexmed.htm
http://www.m-press.rmc.de/medwort_a.htm ⇨ medizinische Wörterbücher
www.come.to/Krise
www.come.to/Trauer
www.uni-potsdam.de/u/ putz/apr98/21.htm
www.nahtod.de

Glossar:

Endorphine	Körpereigene aus Aminosäure zusammengesetzte Verbindung mit ähnlicher Wirkung wie Morphium.
Serotonin	Aminosäure. Arminosäurten wie Phenylalanin und Histidin sind Grundstoffe für die Herstellung von Hormonen wie Adrenalin und Histamin.
Hypoxie	Der herabgesetzte Sauerstoffgehalt des arteriellen Blutes, auch der Sauerstoffmangel in Geweben und Organen.
Hyperkapnie	Abnormer Anstieg der Kohlensäure-Partialdrucke im Blut.
Halluzinogene	Sinnestäuschungen, Wahrnehmung eines nicht vorhandenen Reizes; nach den betroffenen Wahrnehmungsformen unterscheidet man: optische H. des Sehens; akustische H. des Hörens; gustatorische H. des Geschmackssinns; olfaktive H. des Geruchssinns und zu guter letzt, haptische H. des Tastsinns;
Neurophysiologischen	Zusätzlich zur Untersuchung des medizinischen Bereichs der außen liegenden Nerven und des zentralen Nervensystems, die Untersuchung des Körpers.
Neurobiologischen	Zusätzlich zur Untersuchung des medizinischen Bereichs der außen liegenden Nerven und des zentralen Nervensystems, die Untersuchung des biologischen Organismus.
Deduktiv	Vom allgemeinen ausgehend
induktives	Aus der Erfahrung geschöpft, gefolgert
Sadduzäer	Religiöse und politisch interessierte Gruppe innerhalb des Judentums
Scheol	Jüdischer Begriff des At für Totenreich
Theozentrisch	Auf Gott zentriert
Liturgie	Gottesdienstordnung
Immanente	Innewohnend
irreversibel	Nicht wieder rückkehrbar
dogmatisch	Gläubig, kompromisslos